WOOF

ELGAN RHYS
WOOF

SGRIPTIAU STAMPUS 03

Argraffiad cyntaf 2024

Hawlfraint ⓗ Elgan Rhys / Cyhoeddiadau'r Stamp
Cedwir pob hawl.

Rhif Llyfr Rhyngwladol: 978-1-7384794-0-5

Golygyddion: Llŷr Titus & Iestyn Tyne
Dylunio a chysodi: Iestyn Tyne
Ffotograffau'r cynhyrchiad: Chris Lloyd
Delwedd y poster (clawr mewnol a chlawr cefn): Stiwdio Burning Red

Dymuna'r cyhoeddwyr ddiolch i Theatr y Sherman am bob cefnogaeth wrth baratoi'r gyfrol hon. Os am ganiatâd i berfformio'r ddrama, cysyllter â'r wasg:
cyhoeddiadau.ystamp@gmail.com

Yn y gyfres hon:

Sgriptiau Stampus 01: *Croendena*, Mared Llywelyn
Sgriptiau Stampus 02: *Imrie*, Nia Morais
Sgriptiau Stampus 03: *Woof*, Elgan Rhys

WOOF

Cafodd y ddrama hon ei chynhyrchu a'i pherfformio gyntaf gan Theatr y Sherman yn Theatr y Sherman, Caerdydd, ar 31 Ionawr 2019.

CAST

BERWYN PEARCE (DAF)
ALED PEDRICK (JESSE)

TÎM CREADIGOL A CHYNHYRCHU

Elgan Rhys (dramodydd) **Gethin Evans** (cyfarwyddwr) **Elin Steele** (cynllunydd set) **Sam Jones** (cynllunydd sain) **Katy Morison** (cynllunydd goleuo) **Fiona Curtis** (rheolwr cynhyrchu) **Alice Smith** (cynllunydd) **Ffion Evans** (dirprwy reolwr llwyfan) **Polly Rowe** (rheolwr llwyfan cynorthwyol) **Emma Boomer, Aleks Carlyon, Charlotte Neville** (artistiaid golygfaol) **Carys Jones** (uwchdeitlau)

STAFF THEATR Y SHERMAN (IONAWR 2019)

Rachel O'Riordan (cyfarwyddwr artistig) **Julia Barry** (cyfarwyddwr gweithredol) **Sally Shepherd** (pennaeth cyllid a gweinyddiaeth) **Julia Griffiths** (cynorthwyydd cyllid) **Sophie Hughes** (cynorthwyydd gweinyddol ac adnoddau dynol) **Corey Bullock** (gweinyddwr artistig a chynorthwyydd gweithredol) **Fiona Curtis** (rheolwr cynhyrchu a chynllunio dros dro) **Timothy Howe** (cydflynydd cymunedau ac ymgysylltu) **Kevin Smith** (rheolwr llwyfan y cwmni) **Gareth Williams** (rheolwr llwyfan technegol) **Alice Smith** (cydlynydd) **Rachel Mortimer** (prif drydanwr) **Mathew Thomas** (saer) **Christiane Bérubé** (technegydd aml-sgil) **Andrew Lovell** (rheolwr tŷ) **Keira Wilkie** (dirprwy reolwr tŷ) **Ed Newsome** (pennaeth marchnata a chyfathrebu) **Vanessa Williams** (rheolwr marchnata) **Rebecca Price** (swyddog marchnata) **Chris Lloyd** (cynorthwyydd cyfryngau cymdeithasol) **Siân Mile** (pennaeth etifeddiaeth Sherman 5) **Eileen Leahy, Lucy Purrington** (cynorthwywyr etifeddiaeth Sherman 5) **Liz Rossiter** (rheolwr y swyddfa docynnau) **Beshlie Thorp, Daisy Williams, Eileen Leahy, Elen Smith, Ellen Thomas, Eluned Meredith, Ethan Jenkins, Lily Greenslade-Davey, Luke Hereford, Lynwen Haf Roberts, Non Haf Davies, Samantha Jones** (cynorthwywyr swyddfa docynnau) **Robin Hannagan-Jones** (rheolwr y bar a'r gegin) **Jay Moore** (rheolwr cynorthwyol y bar a'r gegin) **CJ Rock, Dafydd Haine, Ed Priest, Elisabeth Haljas, Gemma Davies, Iwan Hughes, Kayleigh Edwards, Nathan Pallotto, Olivia Bolas, Rosie Rowell** (tîm bar a chaffi)

YMDDIRIEDOLWYR THEATR Y SHERMAN (IONAWR 2019)

David Stacey (cadeirydd) **Rosamund Shelley** (is-gadeirydd) **Nicholas Carlton, Paul Clayton, Ceri Davies, Clive Flowers, Marlies Hoecherl, Robert Keegan, Ann Kellaway, Keith Morgan, Marc Simcox, Owen Thomas, Helen Vallis**

GAIR GAN Y DRAMODYDD

Mae pum mlynedd ers llwyfaniad cyntaf *Woof*; mae'n anodd credu'r peth. *Woof* oedd y comisiwn cyntaf i mi ei dderbyn ar gyfer drama lwyfan lawn. Hyd heddiw, dwi'n cyfri fy mendithion ac yn hynod ddiolchgar i Theatr y Sherman am ymddiried ynof fi gyda'r ddrama hon. Mawr oedd fy mraint i gael datblygu'r ddrama hon gyda Gethin Evans – sydd nid yn unig yn gyfarwyddwr theatr arbennig ond yn ffrind oes – wnaeth sicrhau fy mod i'n gwthio fy hun ac yn gwthio'r ddrama i'w llawn botensial, a hynny mewn ffordd ofalgar bob amser. Ni fyddai'r ddrama yma'r ddrama ydi hi heb Geth wrth fy ochr.

Cefais y pleser hefyd o ddatblygu *Woof* gyda mewnwelediad dau actor crefftus, Sion Ifan ac Aled Pedrick (Aled chwaraeodd ran Jesse yn y cynhyrchiad, gyda Berwyn Pearce yn chwarae cymeriad Daf). Roedd eu cyfraniad sensitif ac eofn nhw i ddatblygiad *Woof* yn allweddol i'w thwf fel drama, ac yn brofiad addysgol imi fel sgwennwr yn eu cwmni.

Roeddwn i *in awe* o'r holl dîm creadigol ddaeth at ei gilydd i greu a chynhyrchu'r ddrama, a'r ffordd daeth pawb â'u talentau a'u hangerdd i ddod â'r stori hon yn fyw ar gyfer cynulleidfaoedd stiwdio Theatr y Sherman ym mis Chwefror 2019. Ni allai dim byd wedi fy mharatoi i ar gyfer yr ymateb. Roeddwn i mor falch o'r hyn gyflawnom gyda'n gilydd, a'r ffaith bod stori Daf a Jesse wedi siarad â phobl mewn cymaint o wahanol ffyrdd.

Ychydig fisoedd ar ôl ei lwyfaniad, sylweddolais fod sgwennu *Woof* wedi bod yn brofiad o gatharsis, a fy mod i wedi bod yn gweithio drwy brofiad personol ar lefel isymwybodol. Drama yw hon am gariad rhwng dau ddyn, a chwymp eu perthynas yn sgil eu hanallu i gydnabod a chyfathrebu eu hanghenion go iawn i'w gilydd. Ond mae'r ddrama hefyd yn ymwneud â thrais rhywiol. Sgwennais i'r ddrama pan oeddwn i mewn lle yn fy mywyd heb yr iaith na'r hyder i allu enwi profiad gefais i rai blynyddoedd ynghynt (Noder, mae'r hyn sy'n digwydd yn y ddrama yn wahanol iawn i fy mhrofiad i). Gyda chymorth therapi a chysur ffrindiau a theulu dwi wedi gallu grymuso fy hun a dod i dermau gyda'r profiad hwnnw. Mae tystio celfyddyd eraill dros y blynyddoedd – gan gynnwys *Lose Yourself* gan Katherine Chandler ac *I May Destroy You* gan Michaela Coel – hefyd wedi fy helpu i wneud synnwyr o'r profiad. Dwi'n sylweddoli rŵan fod y broses o sgwennu *Woof* wedi bod yn rhan o'r broses hon hefyd, er nad oeddwn i'n gwybod hynny ar y pryd. Dwi wedi teimlo dyletswydd i sgwennu'r rhagair yma am y rheswm hwn, ac yn falch o'r cyfle i rannu'r ddrama a 'mherthynas i gyda hi heddiw.

Fel sgwennwr newydd, ifanc, ar ôl imi sgwennu *Woof* roeddwn i ychydig ar goll o ran beth i'w wneud gyda hi. Doedd nunlle amlwg yng Nghymru i'w chyhoeddi, nac i'w hail-lwyfannu, gan fod y platfform i'w datblygu a'i llwyfannu yn y lle cyntaf mor brin a'r gofodau i'w dogfennu ymhellach yn brinnach fyth. Dros y pum mlynedd diwethaf, mae lot fawr o bobl (o actorion ifanc i academyddion) wedi sôn faint y bydden nhw'n hoffi cael gweld neu ddarllen y ddrama. Sut mae mesur gwaddol prosiect fel hwn, a'i wneud yn hygyrch i bobl, pan mae cyn lleied o ofodau i gelfyddyd Cymraeg gael ei archifo mewn ffordd gyhoeddus?

Roedd hi *mor* gyffrous gweld Cyhoeddiadau'r Stamp yn lansio cyfres *Sgriptiau Stampus* y llynedd. Doedd dim amheuaeth am gysylltu â nhw, a dwi'n ddiolchgar iddyn nhw am dderbyn *Woof* i fod yn rhan o'r gyfres. Dwi'n arbennig o falch o fod yng nghwmni *Imrie* a *Croendena*, a dwi wir yn methu aros i weld y gyfres yma'n tyfu a thyfu. Mae'r rôl mae'n ei chwarae yn amhrisiadwy, fel llwyfan ac fel adnodd sy'n galluogi i amrywiaeth o leisiau Cymraeg gael eu hail-ddarganfod a'u perchnogi gan artistiaid a chynulleidfaoedd y dyfodol.

Elgan Rhys
Ionawr 2024

CYMERIADAU

DAF   30 oed.

JESSE   32 oed.

Yn y sgript hwn, mae blaen-slaes (/) yn dynodi torri ar draws cymeriad.

Rhybudd cynnwys: Ceir disgrifiadau o drais rhywiol, gorddefnydd cyffuriau ac alcohol, a chynnil-ymosodiadau homoffobig yn y ddrama hon, yn ogystal â iaith gref a chyfeiriadau rhywiol drwyddi draw. Ystyria'r cyhoeddwyr nad yw'r ddrama hon yn addas i gynulleidfaoedd dan 16 oed.

WOOF

Ym Mharc y Rhath.
Mae JESSE ar ei ben ei hun, yn aros.
Mae DAF yn cyrraedd.
Mae JESSE yn gadael.

DAF	Oer.
	Haul ar ei ffordd.
	Rhaid i fi fynd nôl.
	Sai'n gallu mynd nôl.
	Sai'n gallu.
	Sai'n gallu.

*

Yn fflat JESSE.

JESSE	Trusta fi.
	Ni'n gallu neud e.

DAF	Fi jyst, ofn.

JESSE	Ofn be?

DAF	Colli ti.

CURIAD.

JESSE	Ma' mwy a mwy o bobl yn neud e.
	Jyst bo' nhw ddim yn siarad amdano fe.
	So ni'n *swans*.

DAF	E?

JESSE	So ni'n *swans*.

DAF	Be' y'n ni 'de? *Fflamingos?*

Mae JESSE yn chwerthin.

JESSE	Na, wel/

DAF	Be?/

JESSE	*Swans* – ma' nhw'n monogamous.
	They mate for life. Yn ôl Google.
	A ma' nhw gyd yn *floato* ar yr un 'trywydd'.
	So nhw fel cŵn.
	We're two men.

WOOF 11

	Ni'n gallu creu'n perthynas ein hunan. Ni'n gallu herio. A t'bo, fi'n dri deg dau, a ti'n, ti'n.../
DAF	Tri deg.
JESSE	Ie ie, tri deg! Tri deg! A ni'n byw, ni'n fucking byw yn 2019! A fi isie ni fyw/
DAF	OK...
JESSE	Fi isie byw, fel fi'n hunan, y fersiwn gore o'n hunan – gyda ti.
DAF	Sai'n deall be' ti'n/
JESSE	Ma'r byd yn mynd fwy a fwy unpredictable ydy, ond ma fe'n fwy explicitly lliwgar/
DAF	Lliwgar?
JESSE	Ie, lliwgar, sy'n wych i ni, ni'n ca'l y'n derbyn yn fwy, yn fwyfwy cryfach fel diwylliant/
DAF	Ti'n mynd yn *political* 'da fi nawr.
JESSE	Na na, wel, ma' fe jyst yn bwysig i ni wir berchnogi/
DAF	Perchnogi?
JESSE	Perchnogi ein diwylliant ni, perchnogi ein ffordd ni o fyw, a, a, a.../
DAF	Perchnogi?
JESSE	Ie! Perchnogi/
DAF	Fucking hell.
JESSE	Ein ffordd ni o fod mewn perthynas, a bod yn proud o 'ny/
DAF	Proud o be', sori?
JESSE	...a rhannu fe, dathlu fe, rhannu a dathlu ni 'da pawb, i rymuso'r dyfodol/
DAF	Oh god.
JESSE	...union fel ma' dynion y gorffennol 'di neud i ni, dynion fel Tony a/

DAF	Tony?
JESSE	Ie ie, ti'bo Tony.
DAF	*Nope.*
JESSE	Ma' fe wastad mas 'da'r criw hŷn yn, yn… O, so fe ots, ond dynion fel fe ddylen ni edrych lan at, a ddyle ysbrydoli ni i rymuso dyfodol i ddynion hoyw'r dyfodol… Grymuso ein lle a'n, a'n, a'n gwerth ni yn y byd/
DAF	Ti'n siarad fel twat.
JESSE	Daf! Jyst. Fucka bod ofn. A gad i ni fod yn ddewr ac agored i'n posibiliade ni. *Let's give in to our urges!*

CURIAD.

JESSE	Ni ddynion, ni fwy fel cŵn. Ni'n, ni'n gallu bod yn anodd i reoli, pan ni'n, t'bo, yn, yn… yn chwantus.

Mae DAF yn dal ei chwerthin i mewn.

> Enwedig *if we're let loose.*
> Dynion chwantus.
> Fel cŵn chwantus.
> Isie sniffo mwy na, mwy na jyst…

CURIAD.

Mae DAF yn chwerthin yn uchel.

> Fi isie!
> A fi'n gwbo bo' ti isie!
> Fi isie bo' ni'n gallu…
> Os ma'r cyfle 'ny…
> Fi isie bo' ni'n gallu mynd ato…
> Y *twink fit* sy'n ysu i roi *blowjob* feddw mewn clwb. Y dyn canol-oed *discreet* sy'n trefnu *sex party* cyfrinachol yn ei dŷ. Y cwpl priod sydd isie *foursome* 'da cwpl ifanc ar draeth yn yr haf.

DAF	So ni'n byw mewn *porno* Jesse.
JESSE	*Shut up!* Fi isie gallu…!

						Mynd ato'r jock... jock Almaeneg/

DAF				Jock Almaeneg?

JESSE			*Just go with it!*

CURIAD.

						Fi isie gallu mynd ato'r jock Almaeneg yn y sauna yn Berlin.
						Gwel' e'n edrych ar 'y nghorff i.
						A finne'n gwel' un fe, yn wlyb yn y jacuzzi. A gwel' 'i goc caled o dan y dŵr.
						Gwên.
						Cerdded ato.
						Araf.
						Mewn i'r dŵr.
						Iste.
						Croen.
						Cyffwrdd.
						Gweud dim.
						Y'n llaw'n llusgo ar 'i goes e.
						'i l'gade fe'n agosáu at 'y ngwefuse i. 'i law e'n dal 'y ngwyneb.
						Llusgo.
						Tynnu.
						Cusanu.
						Gwlyb.
						Blasu.
						'i law e'n wanko fi, dan y dŵr.
						Cyrff eraill y sauna yn dechre amgylchynu. Gwylio.
						Cusanu.
						Wanko.
						A heb weud dim, ma' fe'n deall, sai'n bottom. Eistedd ar nghoc i.
						Rwbo.
						Nôl.
						'Mla'n.
						Cyrff yn amgylchynu a wanko.
						 Nôl.
						'Mla'n.

DAF							Fucko fe.

JESSE			Dynion.
				Fi'n fucko fe.

DAF							Fucko fe.

JESSE			Dynion.
				Fi'n fucko fe!

DAF   Fucko fe.

JESSE   Fucko fe!

DAF   FUCKO FE.

CURIAD.

JESSE   A SPLASH!
         Rhyddhad.
         A ma'r cŵn yn raddol-lusgo nôl i'w cytiau.

Mae JESSE'n chwerthin.

DAF   Soniest ti ddim am condom.

CURIAD.

JESSE   O, ie, ie ie, y fersiwn real – condom neu ar *PrEP* t'bo. Os ma'r cyfle 'ny, a chwant yn yr aer... fi ddim isie i ni ddala nol.

CURIAD.

         Ond wedi 'ny, fi'n dod nôl ato ti.
         Ti'n dod nôl ato fi.
         Nôl ato ti.
         Nôl ato fi.
         Gall fod mor rhwydd â 'ny.

CURIAD.

         Daf.
         Sai isie i'n calonne, i'n, i'n i'n cyrff ca'l eu clymu lawr i'r norm. Ma' bod yn agored yn myn' i helpu ni shwt gyment. Ti, a fi... yn gwbo, ni moyn cysgu 'da dynion erill. A dim ond caru... ein gilydd.

SAIB.

DAF   Ma fe'n swno fel ffantasi, Jesse.

JESSE   Do's 'im rhaid iddo fe fod yn ffantasi, Daf.

CURIAD.

         We're two men.

SAIB.

DAF   OK.

JESSE   E?

DAF   Be' am drio bod yn agored?

JESSE   Wir?!

DAF   Ie, ie, OK.

                        *

Ym Mharc y Rhath.

DAF   Oer.
                       Fi isie mynd nôl.
                       Nôl i'r dechre.
                       A dechre eto.

                        *

                       Tro cynta' nes i gyfarfod e.
                       Lle llawn dynion chwantus.
                       Curiad yn denu
                       Dawnsio'n wyllt
                       Yng nghanol torf o chwys budr.
                       Goleuadau'r clwb yn clymu cyrff byd lliwgar, saff.
                       Dathliad rhyddid.

                        *

                       Yna.
                       Teimlo ll'gade.
                       Fel ll'gade hela.
                       Syllu.
                       Syllu ar fy nghorff.
                       Fy nghalon.
                       Fy ll'gade.
                       Fy ngwefuse.
                       Ei wên.
                       Taflu gwahoddiad-wên yn ôl. Wedyn.

                        *

Mewn clwb nos.

JESSE   Haia.

CURIAD.

DAF	Helô.
	Fi'n credu ni 'di bod yn…
	Fi'n credu ni 'di bod yn siarad ar Grindr.
JESSE	Ydyn ni?

*

Tu allan i glwb nos.

JESSE	*I've never been caught!*
DAF	Tro cynta' i bopeth!
JESSE	Am eiliad – o'n i ffili g'weud os o'dd y *bouncer* myn' i dwli ni mas neu joino!
DAF	Wel – o'dd e'n broffesiynol iawn!

Mae'r ddau yn chwerthin.

CURIAD.

JESSE	Ti mor fucking hot.
DAF	Le alla i orffen sucko ti off 'de?
JESSE	Ddim yn fan hyn.

*

Yn fflat JESSE.

JESSE	*Alexa, lights.*
	Alexa, skip track.

CURIAD.

JESSE	*Is that good?*
DAF	IE! Caria/
JESSE	*Yeah?*
DAF	IE/
JESSE	*YEAH?*
DAF	Ie, *carry on*/

JESSE	*You like that?*
DAF	*YES*. Ydw… *Hang on.*
JESSE	*What?*
DAF	Pam i ti'n siarad Susneg 'da fi?
JESSE	*I don't know.* Ma fe'n *weird.*
DAF	Go on, jyst tria fe.
JESSE	OK. OK. Cool. OK.

CURIAD.

JESSE	Dere 'ma.
DAF	Wow, armpit? Dim diolch.
JESSE	*Trust me.* Trusta fi.

CURIAD.

JESSE	Beth arall y'ch chi'n hoffi?

Mae DAF yn chwerthin yn uchel.

DAF	Chi?!
JESSE	Sai'n gwbo*l*
DAF	Nid mam-gu ti ydw i!
JESSE	Ca' dy fucking ben.
DAF	Do's dim rhaid iti siarad Cymraeg posh pan ti'n ca'l sex. Jyst ymlacia.
JESSE	Iawn.

CURIAD.

DAF	Ydi hwn yn oreit?
JESSE	T'mo be', sai'n ffan o draed.
DAF	O sori, sori.
JESSE	Na na, ma'n OK.

DAF	Be' am hyn?
JESSE	W ie, ie... araf though!
DAF	W, sori.

CURIAD.

DAF	Neis?
JESSE	Ydi.
DAF	Ti'n lico?
JESSE	E? Na.
DAF	E?
JESSE	Be' ti moyn fi licko?
DAF	Na... gofyn os ti'n lico be fi 'neud.
JESSE	O, ydw! T'wel!
DAF	Be?
JESSE	Yn Gymrâg/
DAF	Sh!

CURIAD.

JESSE	Sucka fe!

Mae DAF yn chwerthin yn uchel.

JESSE	Fuck off. Alexa, stop!
DAF	Sori, acen ti o'dd e!
JESSE	O! 'Se well 'da ti acen wahanol!?
DAF	Be'? Na/
JESSE	Be' am Gog? 'Suckia coc fi, ia.'

Mae'r ddau yn chwerthin.

WOOF 19

JESSE *It just doesn't work* yn Gymrâg!

DAF Ma' fe yn, jyst rho amser iddo fe…

Mae'r ddau yn chwerthin.

JESSE Ar dy fola de.

DAF Condom.

JESSE Ma' fe mla'n.

DAF Wow.
O'dd hwnna'n quick.

JESSE 'Ma ti.

DAF Aloe vera lube ife… posh.

JESSE *Shut up!*

Mae'r ddau yn chwerthin.

DAF Jyst fucka fi.

*

*Y bore canlynol. Yn hollol ddi-lafar. Mae DAF a JESSE yn gwisgo.
Mae'r ddau yn cyfnewid rhifau ffôn. Mae'r ddau yn cusanu.
Mae DAF yn gadael.
JESSE wedi'i gyffroi.*

*

Ym Mharc y Rhath.

DAF Jyst isie mynd nôl.
Mynd nôl i ni.

*

Mae'r ddau yn bwyta pryd o fwyd.

JESSE A wedodd e,
'So ti'n fab i fi.'
So nes i bwno fe, a pwnodd e fi'n ôl.
A sai 'di gwel' e, ers 'ny.
Sai'n meddwl neith e fyth ddeall shwt nath e neud fi deimlo. Fi dal yn ca'l waves o deimlo'n…

	Sori.
DAF	Na, na, diolch am weutha'i. Ma' hyn yn neis.
JESSE	Ie ie, steak lovely.
DAF	Na, na – hyn.
JESSE	Ydi.
DAF	Jyst, ni'n dau.

*

Sŵn notifications Grindr.

JESSE	*'Partnered. It works for us, we're modern men. If you don't get it, keep your old-fashioned opinion to yourself. No accom. Welsh flag.'*
	'Right Now.'
	Ffansi?
DAF	Ie, ydw, really isie.

*

Lleisiau yn y pellter:

FIVE!

DAF	Jesse, Carys – Carys, Jesse.
JESSE	Neis cwrdda ti, Carys. A llongyfarchiade'.

JESSE yn ystumio modrwy ar ei fys.

DAF	Ie, llongyfarchiade'.

*

Yn y pellter:

FOUR!

Mae'r ddau yn rhannu pedalo ym Mharc y Rhath.

JESSE	Fi'n hate'o swans!

DAF   Ond 'dyw swans ddim yn cnoi!

JESSE   Ydyn ma' nhw!

DAF   Pedla'n gynt 'de!

JESSE   Shit shit shit!

*

Yn y pellter:

    THREE!

Mae'r ddau yn eistedd ar soffa, heb gyffwrdd.

DAF   Ma' fe 'di gweud bo' fe ddim moyn paned Mam.

JESSE   Gymra i goffi du.
           Just i gadw hi'n hapus.
           Ie, fi'n dod o Abertawe.
           Na na – sa'i 'di bod nôl gytre ers/

DAF   Mam! Jyst g'na'r baned.
           Sori...

*

Yn y pellter:

    TWO!

Mae JESSE'n rhoi anrheg i DAF.

JESSE   Nadolig Llawen.

DAF   Diolch...

Mae DAF yn agor ei anrheg.

DAF   Berlin?! Fuck off!?

Yn y pellter:

    ONE!

Mae'r ddau yn gafael mewn shots.

JESSE   Blwyddyn newydd dda...

DAF   Diolch am chwe mis amazing!

JESSE	Caru ti.
DAF	Caru ti.

Mae'r ddau yn cymryd y shots.

Yn y pellter:
> HAPPY NEW YEAR!

*

DAF	Bai fe. Ei fucking fai e…

Daw JESSE i'r golwg.
Mae'n ysmygu ar ei ben ei hun, yn aros.
Mae DAF yn gweld yr atgof.
Yn sydyn, daw confetti rose gold a cherddoriaeth parti dyweddïo.

*

Mae DAF yn ymuno â JESSE.

DAF	Nes di adel yn gloi.
JESSE	O… o'n i jyst isie awyr iach. Ma' nhw, wel fi'n gweud nhw, ma' Carys bach yn intense nagyw hi.
DAF	Ie, bach.
JESSE	Pwy fuck sy'n ca'l engagement party?
DAF	Cadwa dy lais lawr.
JESSE	Ma' fe mor weird.
DAF	Ydy ydy, fi'n gwbo, ond t'mo – ma' lot o bobl yn lico dathlu popeth nawr, a ma' Carys bendant yn un o'r bobl 'na/
JESSE	Wel, Carys is fucking milking it, os ti'n gofyn wrtha i/
DAF	Sh!
JESSE	Jyst aros am dy briodas cyn polluto'r byd 'da confetti rose gold, ife.
DAF	Ie, o'dd y confetti entrance bach yn ormod.
JESSE	Bach!?

	A'r speech! Don't even get me started ar hwnne...
DAF	Really? Be' amdano fe?
JESSE	Sai 'rioed 'di clywed neb yn gweud y gair 'trywydd' cymaint yn 'y myw.
DAF	O'dd hi'n gweud e lot?
JESSE	O'dd! O'dd e'n boenus i'r clustie. 'Mae o mor braf bod yma efo chi gyd i ddathlu dechrau'r trywydd gyffrous yma. Mae'n bleser rhannu'r trywydd yma gyda pobl sy'n bwysig i ni'n dau. Dan ni ar y trywydd iawn nawr.' Trywydd, trywydd, trywydd! Fucking hell!
DAF	Gad 'ddi fod!
JESSE	Sai even yn gwbo be' mae'n meddwl, *trywydd*. Peth weird i 'weud.
DAF	Ma' Carys yn obsessed 'da trefn a strwythur saff. Wastad wedi bod. Dilyn y drefn 'cywir', ond bod rhaid iddi hi neud e lot yn well ac yn ddrytach na neb arall. Felly, os ti'n meddwl bod hyn yn too much... Arhosa nes y briodas. Wedyn, bydd isie ni ddathlu cyhoeddiad y babi. Yna, dathlu genedigaeth y babi. Parti pen-blwydd cyntaf. Dathlu'r babi newydd, brawd neu chwaer fach! Dathlu! Pen-blwyddi'r plant. Dathlu! Anniversaries! Dathlu!/
JESSE	Ie ie, OK, fi'n deall. Sa'i mewn i 'ny gyd.
DAF	Be'?
JESSE	Fel, meddwl o fla'n llaw, cynllunio a meddwl am y dyfodol fel'na.
DAF	Ie ie, ma' Carys bach yn intense am y peth, ond oleia ma' hi a, a, a, Dewi, yn amlwg yn dangos bo' nhw'n committed i'w gilydd.
JESSE	Committed. Ti'n credu?

DAF   Ie.

SAIB.

JESSE   So ti'n assumo bo' ni myn' i briodi na? Achos sai'n/

DAF   O na, na.

JESSE   A ti'n gwbo, achos Dad/

DAF   Ydw, sori, ydw.

JESSE   Achos hefyd, so rhaid i ni neud y pethe 'ma, yr un pethe a phawb arall. Ni 'di bod drwy hyn, nagyn ni?

CURIAD.

DAF   Do.
                Ond ma'r pethe 'ma ar ga'l i ni hefyd, nawr, heddi, dyddie' 'ma. Ma' nhw'n bosibiliade i ni 'fyd – ni'n lwcus... Ac, os ddim y pethe' 'ma... be 'de?

SAIB.

Mae JESSE'n chwerthin.

JESSE   Caru Carys.
                Hi a'i fucking thrywydd.

CURIAD.

JESSE   Ti'n OK?

DAF   Ydw, ydw.

JESSE   Good.

CURIAD.

DAF   Mwy o wîn?

JESSE   Yr unig ffordd na i cope'o 'da'r swan *cupcakes*.

Y ddau yn chwerthin.

                              *

Ym Mharc y Rhath.

DAF   Ei fucking fai e...
                          Fi'n oer.
                          Cofio.
                          Arnofio.

Dechreua JESSE archwilio'r gacen fach siâp alarch.

                          Arnofio ar y pedalos.
                          Haul ar ei wyneb.
                          Ei groen yn feddal.
                          Sgleinio.
                          A sgrechian achos y fucking swans.
                          Dyna'r dydd pan weles i e,
                          a meddwl fi isie,
                          dyweddïo.
                          Priodi.
                          Plant.
                          Fi'n oer.
                          Ffili handlo.
                          Ffili handlo.
                          Ffili handlo.

JESSE yn chwalu'r gacen.

                          Dynion.
                          Dillad.
                          Cyrff.

                                  *

Mae'r ddau yn cael rhyw.

JESSE   Ti'n lico?
              Joio?
              YEAH?
              Daf?

DAF   Sori, ydi, gwych.

JESSE   Giving you my best move, fan hyn. Ti isie mwy o Gymrâg?

                                  *

DAF   Chwys.
                          Blas.
                          Crio.

Mae'r ddau yn bwyta ar y soffa.

JESSE   Ma' hyn yn neis.
       Jyst ni'n dau.
       Daf.

DAF   Sori, be wedes di?

*

DAF   Hela.
           Chwys.
           Cyrff.

*

JESSE   O ydi, ma'r aloe vera yn edrych yn lovely yn fan'na Carys. Daf?

DAF   Ie, ie, really hapus iti, Carys.

*

DAF   Dynion.
           Dynion.
           Dynion.

*

Mae JESSE ar ei ffôn.
Sŵn notifications Grindr.

JESSE   *'Coffee at mine. Aubergine and splash. No pic, no chat.'*
       'Twink.'
       'Right now.'

       Daf?

DAF   Hm?

JESSE   O's ots 'da ti os fi'n cwrdd ag e 'den?

DAF   Ie, ie.

JESSE   Ma' fe moyn dod i fan hyn.

DAF   Na. Ddim fan hyn.

*

DAF   Jocks.
                Bears.
                Otters.

*

Mae'r ddau yn eistedd ar y soffa, heb gyffwrdd.

JESSE   Coffi du yn grêt, diolch.

DAF   Ie, o'dd y Wal yn Berlin yn wych, Dad.

*

DAF   Gweld.
                Arogli.
                Blasu.

*

Mae JESSE yn dod o hyd i gerdyn 'Save the Date'.

JESSE   Beth ar wyneb y ddaear yw hwn?

DAF   Cerdyn *save the date*.
                Cute, ife?

*

DAF   Jesse!

*

Yn hollol ddi-lafar, mae DAF a JESSE yn rhuthro i wisgo a pharatoi ar gyfer priodas.

*

Yn y gwesty lle mae'r parti priodas yn cael ei gynnal, mae DAF yn un o'r cubicles yn y toiledau. Mae JESSE yn cyrraedd, ychydig yn feddw.

JESSE   Daf...?
                Sori!
                Daf...
                Daf... Ti'n OK? Ti 'di bod 'ma ers sbel.
                Ti'n constipated ne' rwbeth?

DAF   Fuck off!

JESSE	Fi'n jocan!

CURIAD.

	Be' sy'n bod?
DAF	Dim!
JESSE	OK. Wel, dere nôl i stare-o ar brawd Carys 'da fi, ma' fe'n fit, a ma' 'da fe potensial i fod yn gay. Hefyd, ma' Mam Carys wrth 'i bodd 'da ti. Wedodd hi i beido gweud wrth Carys ond, ni yw highlight hi yn y briodas 'ma. 'Sa neb yn dawnsio fel chi. O, anfarwol! 'Da chi gays yn neud fi chwerthin.'

Mae DAF yn dod allan o'r cubicle.

CURIAD.

JESSE	Be' sy'?
DAF	Carys 'di fucking pisso fi off.

Mae JESSE'n chwerthin.

DAF	Serious!
JESSE	OK, OK. Be' ma'r briodferch wedi'i wneud o'i le 'de?
DAF	Edrychodd hi arna fi fel toddler bach a gofyn yn y ffordd fwya' patronising...

Sŵn notification Grindr.

	...'*sut* ma' pethe efo ti a Jesse?'
	Jesse.
JESSE	Ie, ie, sori, caria mla'n. Be ofynnodd hi?
DAF	Ofynnodd hi yn y ffordd fwya' patronising... 'sut ma pethe efo ti a Jesse?'
JESSE	Wel, whare teg iddi am ofyn.
DAF	Whare teg?/

WOOF 31

JESSE	Sai'n deall beth yw'r broblem, Daf.
DAF	Wel, mae'n amlwg yn awgrymu bo' ni'n dau ddim yn, yn hapus/
JESSE	Fi'n credu ti'n darllen mewn i'r peth/
DAF	achos ni'n fucko dynion erill.

CURIAD.

JESSE	Mae'n gwbod bo' ni'n cysgu 'da dynion eraill?
DAF	Ydi, ma'i'n gwbo bo' ni'n agored, ydi – nes i ddweud wrthi'n syth, fwy neu lai.
JESSE	O, right. OK.
DAF	Sori…?
JESSE	Na na na, ma' fe'n OK. O'n i jyst ddim yn gwbo bo' ti'n gweud wrth bobl am/
DAF	O, na na, jyst Carys, wel, a, a, cwpl o ffrindie erill. Ond o'dd ymateb Carys yn wych, wedodd hi 'chi gays fel fucking cŵn'.
JESSE	OK, cool. Ond, jyst neis cadw rai pethe rhyngo ni ife.
DAF	Wel ie, ie – ond 'dyw bod yn agored ddim jyst rhwng ni, nagyw e?
JESSE	Ie ie, fi'n deall 'ny – ond ma' fe'n thing ni. Fi jyst ddim yn credu bo' rhaid i ni rannu popeth/
DAF	Sai'n rhannu popeth/
JESSE	A sai isie ni ddychre cymharu popeth/
DAF	Sai'n cymharu popeth/
JESSE	Ma' fe'n wahanol/
DAF	Ti wedodd ddylie ni rannu a dathlu ni 'da pawb.
JESSE	Ie, ond ma' fe'n wahanol, gallu bod yn anodd rhannu rwbeth mor intense a phersonol a 'ny 'da bobl sy' ddim yn, yn deall… Achos, ni'n gay, *we're two men…*
DAF	OK…

CURIAD.

JESSE   Anyway, pam i ti'n pissed off 'da Carys 'to?

DAF   Awgrymu bo' ni ddim yn hapus.
              Bod pethe'n anodd rhyngo ni oherwydd ein thing ni.

JESSE   O right.
              Wel, pa ots be' ma' hi'n feddwl?
              Ti'n bod yn sensitif y diawl, Daf.

DAF   Ydw i?

JESSE   Wyt.

DAF   O. OK.

JESSE   C'mon.

SAIB.

DAF   Y'n ni'n hapus?

JESSE   Ydyn.

CURIAD.

              Wrth gwrs.

Mae JESSE yn cusanu DAF.

JESSE   C'mon, der' nôl i ddawnsio… a gad ni ddangos i Carys a Mam Carys a brawd Carys our best moves.

                            *

DAF   Fi'n oer.
              Haul ddim yn bell o wawrio.
              Aros fan hyn, neu…
              Drinks.

JESSE   Haia.

DAF   Helô.
              Fi'n credu ni 'di bod yn…
              Fi'n credu ni 'di bod yn siarad ar Grindr.

JESSE   Odyn ni?

DAF   Ie, fi'n siŵr na ti o'dd e.
              Neu falle bo' rhywun 'di iwso dy lun di? O gosh!

WOOF 33

                                        Fi'n meddwl bo' rhywun yn iwso dy lun di!

Mae JESSE yn chwerthin.

DAF   Be?

JESSE   Fi'n tynnu dy go's di.
                        Ie, ni wedi bo'n siarad ar Grindr.

CURIAD.

                                        Ti moyn... aros fan hyn neu...

DAF   Neu?

JESSE   Dod nôl i'n fflat i am drink?

                                        *

DAF   Drinks!

                                        *

Mae'r ddau yn gorwedd wrth ochr ei gilydd yn y gwely.

JESSE   Daf?

DAF   O sori, ti isie fi wanko ti off?

JESSE   Ym, na fi'n OK.
                        Ti'n OK?

DAF   'Di blino.

                                        *

DAF   Dynion!

                                        *

Mae'r ddau yn bwyta gyda'i gilydd.

JESSE   Ma' hyn yn neis.

DAF   Hm...

JESSE   Ti'n dawel iawn, Daf...
                        O'dd Carys yn sôn/

DAF   Fi'n mynd i'r bath.

JESSE   Daf.

                              *

DAF   Bump!

                              *

Mae JESSE ar ei ffôn.
Sŵn notifications Grindr.

JESSE   'Older seeking younger. Discreet if needed.' 'Tribe: Daddy.'
             'Right now.'

                              *

DAF   Chwerthin!

                              *

Daw DAF mewn gyda lolipop siâp dymi. Mae DAF yn baglu ar draws JESSE yn squattio.

DAF   Squatto?

JESSE   Ie, squatto for booty.

DAF   I bwy?

CURIAD.

JESSE   I ti, wrth gwrs.

DAF   O.

JESSE   Pam ma' lolipop siâp dymi 'da ti?

DAF   Gwahoddiad i baby shower Carys.

                              *

DAF   C'mon!

                              *

Mae DAF yn eistedd ar soffa ar ei ben ei hun.

DAF   Sai isie paned, Mam.
             Ie, really cyffrous am Carys, Mam!

CURIAD.

>Ydw, fi'n fine Mam!
>Jyst gad fi fod.

*

DAF Dynion!

*

JESSE Sai isie…
Caru ti.

*

DAF Fucko fe!

*

Mewn parti cawod babi. Mae DAF off ei ben, yn feddw. Mae'r ddau mewn gardd.

JESSE Ti'n fucking mess.

DAF Ydw i?

JESSE Ni'n myn' i orfod gadel.

DAF Sori.

JESSE Be' fuck ti 'di bo'n yfed?

DAF Fi jyst/

JESSE 'Drych 'no ti.
Ma' Carys a gweddill y merched yn freako mas, hyperventilato fwy neu lai.

DAF Fi jyst ofn/

JESSE Be' fuck ti 'di 'neud?

CURIAD.

DAF OK – na'th Mam Carys, ar ôl i ti adel i fynd i'r toiled, na'th Mam Carys droi ata i efo ryw wên mawr, cyn gofyn i fi amdano ti, gofyn sut nathon ni gwrdd, so nes i weud bo' ni di cwrdd ar Grindr, ac o'n i'n gallu clywed Carys yn chwerthin, wedyn na'th Mam Carys ofyn i fi be' o'dd Grindr, a nes i drio weud na actually ar noson mas nathon ni gwrdd yn iawn, ond anyway o'dd Mam Carys isie gwbod mwy am Grindr, so nes i weud bo' Grindr 'all about sex for the gays', a na'th 'i gwên hi ddiflannu, a Carys yn dal i chwerthin, a wedyn nath hi ofyn yn nervous pa mor hir ni 'di bod 'da'n gilydd, ac o'n i fel 'wel, ryw flwyddyn a hanner nawr', ac o'dd hi fel, 'siŵr bo' ti methu aros i ddyweddïo!', ac o'dd Carys dal i fucking chwerthin, ac o'n i fel 'na na, sai'n siwr i fod yn onest', ac o'n i methu stopo edrych ar wyneb Carys, tra o'dd Mam Carys dal i fynd on ac on am ba mor 'bythgofiadwy' o'dd 'i fucking honeymoon hi, a, a, a wedyn nat'h hi ofyn i fi, tra o'dd chwerthin Carys yn distewi, na'th hi ofyn i fi, 'be am Jesse a ti, 'de – plant?', a na'th Carys edrych yn syth arna i a da'th y chwerthin yn ôl... so, es i amdani.

Fuck you Carys!
Ti a dy fucking trywydd, perffaith!
Ti a dy aloe vera a swan cupcakes!
Ti a dy pastel a bunting-themed baby shower!
Ti a'r un coc am weddill dy fywyd!
Ti a dy frawd sy' actually yn lico cal 'i goc 'di sucko gan ddyn! Ie – I sucked your brothers' cock yn dy briodas di!
Like the horny little dog that I am!
Ti jyst yn fucking jealous!

CURIAD.

     Ma'i jyst yn fucking jealous!

JESSE   Suckes' di cock brawd hi?

DAF   Wyt ti isie plant?

CURIAD.

JESSE   Fi isie drink.

        *

DAF   Drinks!
        Shots!
        Bump!

        *

Mae'r ddau yn nhŷ rhieni DAF.
Mae'r ddau yn eistedd ar soffa, heb gyffwrdd.

DAF   So ni isie paned Mam.

JESSE Ie, dim coffi du heddi.
Ie, fi'n llawn ar ôl y cinio sul.
O'dd e'n really ffein.
Diolch.

SAIB.

DAF Fi'n sori am embarrasso ti yn nhŷ Carys neithiwr, a fi 'di bod meddwl, a falle bo' fi bach yn jealous, a fi'n strugglo bach/

JESSE Fi'n credu fi'n caru rhywun arall.

SAIB.

DAF Ti'n credu?

JESSE Wel, na.
Fi yn.

SAIB.

DAF Pwy?

JESSE Un o'r dynion, ti'bo/

DAF Na, na/

JESSE Un o'r dynion/

DAF Na, na, o'n i'n gwbo/

JESSE A fel, fi 'di cwrdd ag e'n amlach na'r dynion erill.

DAF Gwbo, gwbo bydde hyn yn digwydd...

CURIAD.

DAF Be' yw enw fe?

JESSE Tony.

DAF Tony?

JESSE Ie.

DAF As in *Tony*, Tony?! Mae e'n fucking/

Mae'r ddau yn distewi'n sydyn.

CURIAD.

DAF   Na, ni dal yn llawn, diolch Mam.
            Ie, ie, gawn ni gacen wedyn.
            Gawn ni gacen wedyn!
            Wedyn.
            Diolch, Mam.

CURIAD.

DAF   Ti mewn cariad 'da Tony!? Tony, sy'n chwe deg?!

JESSE   Ma fe'n bum deg saith.

DAF   Mae e'n bum deg saith! Fucking hell, digon hen i fod yn…

JESSE   Ti 'di bod mor yn dy ben, dros y misoedd dwetha. So ti 'di bod 'da fi.
            So Daf 'di bod 'da fi.
            Fi 'di estyn amdana ti, ond so ti 'di bod 'na.
            A fi 'di trio siarad 'da ti/

Mae'r ddau yn distewi'n sydyn.

DAF   Dad. Ma' Mam newydd ofyn 'run peth.
            Gawn ni gacen wedyn!
            Ie ie, ni 'di gweld y newyddion.

JESSE   Mess, absolute mess.

DAF   Gwel' ti wedyn, Dad.

CURIAD.

JESSE   Fi 'di trio siarad 'da ti.
            Sai'n dwp, Daf.
            Fi'n gwbo bo' ti isie rhai pethe sy' 'da Carys, *and I can't give you that!*

CURIAD.

            Ond, sai isie colli ti.
            Fi dal yn caru ti.

DAF   Ym mha ffordd ti'n caru fe?

JESSE   Ym/

DAF   Neu falle, falle bo' ti'n confused, achos, achos ma' chwant a caru, ma' nhw'n funny ond dy'n nhw? Ma 'na fine line, so ti meddwl?

JESSE   Oes, weithie/

DAF   Ym mha ffordd ti'n caru fe, Jesse?!

SAIB.

JESSE   Fi dal yn caru/

Mae'r ddau yn distewi yn sydyn.

DAF   So ni isie gwylio ffilm ar y funud, Dad.
Dad.
Dad – na na na, nid *Bareback Mountain*, *Brokeback Mountain*!

JESSE   Two very different things!

DAF   Dad, so ni isie gwylio ffilm.
Gwel' ti wedyn, Dad!

JESSE   A peidwch googlo *Bareback Mountain*!

DAF   Shut up!

JESSE   Neis bod dy Dad yn trio bondo/

DAF   Jealous ife?

CURIAD.

                 Sori.

JESSE   Na, ma'n fine.

SAIB.

DAF   Tony, nes di fucko Tony?

JESSE   Do, Daf.
Ma' fe'n fucking grêt!
Ma' fe'n neud i fi deimlo'n grêt, neud i fi chwerthin, neud i fi deimlo'n fyw.
So Tony'n ca'l i glymu lawr.
Ma' fe'n gwbo be ma fe isie, achos ma' fe'n gwbo pwy yw e. Ac, ar y funud… ti ddim.

CURIAD.

DAF   Welson ni ddim y Wal yn Berlin, Dad. Mynd i lot o gay clubs a saunas, mynd yn pissed, fucko'n gilydd a llwyth o ddynion erill…

                        O, a mynd ar goll.

CURIAD.

DAF   Ni'n mynd.

JESSE   Daf.

DAF   Ni'n mynd mas.

                        *

Cerddoriaeth clwb nos.

DAF   Dynion.
                Chwant.
                Curiad.
                Yfed.
                Dawnsio.
                Chwys.
                Cyrff.
                Bump.

JESSE   Daf!

DAF   Lliwgar.
                Yfed.
                Bump.

JESSE   Daf!

DAF   Chwerthin.
                Yfed.
                Bump.

JESSE   Daf!

DAF   Crio.
                Yfed.
                Bump.

JESSE   Daf, le fuck ti 'di bod?

DAF   O'n i'n sucko coc ryw foi yn toilet/
                Drinks.
                                        Shots.
                        Bump.
                                                Rhedeg.
                Sucko. Dynion.

JESSE	Dim dynion eraill heno/			
DAF	Drinks.			
			Shots.	
	Bump.			
		Crio.		
			Chwerthin.	
	Ti'n 'i garu e?			
	Fucking Tony.			
JESSE	Stopa.			
DAF		Pum deg fucking saith!		
			Digon hen i fod yn Dad i ti!	
JESSE	Fuck off!			
DAF	Fuck you!			
JESSE	Dynion.			
	Chwant.			
	Curiad.			
	Yfed.			
	Dawnsio.			
	Chwys.			
	Cyrff.			
	Bump.			
DAF		Jesse!		
JESSE	Lliwgar.			
		Yfed.		
				Bump.
	Stopa.			
DAF		Jesse!		
	C'mon.			
	Caru ti.			
			Bump.	
	Chwant.			
			Chwerthin.	
JESSE		Ddim yn fan hyn.		
DAF			Na, fan hyn!	
JESSE	Ma fe'n *fine*.			
		Caru ti.		
	Pam ti'n siarad Saesneg 'da fi?		Sai isie.	

42 WOOF

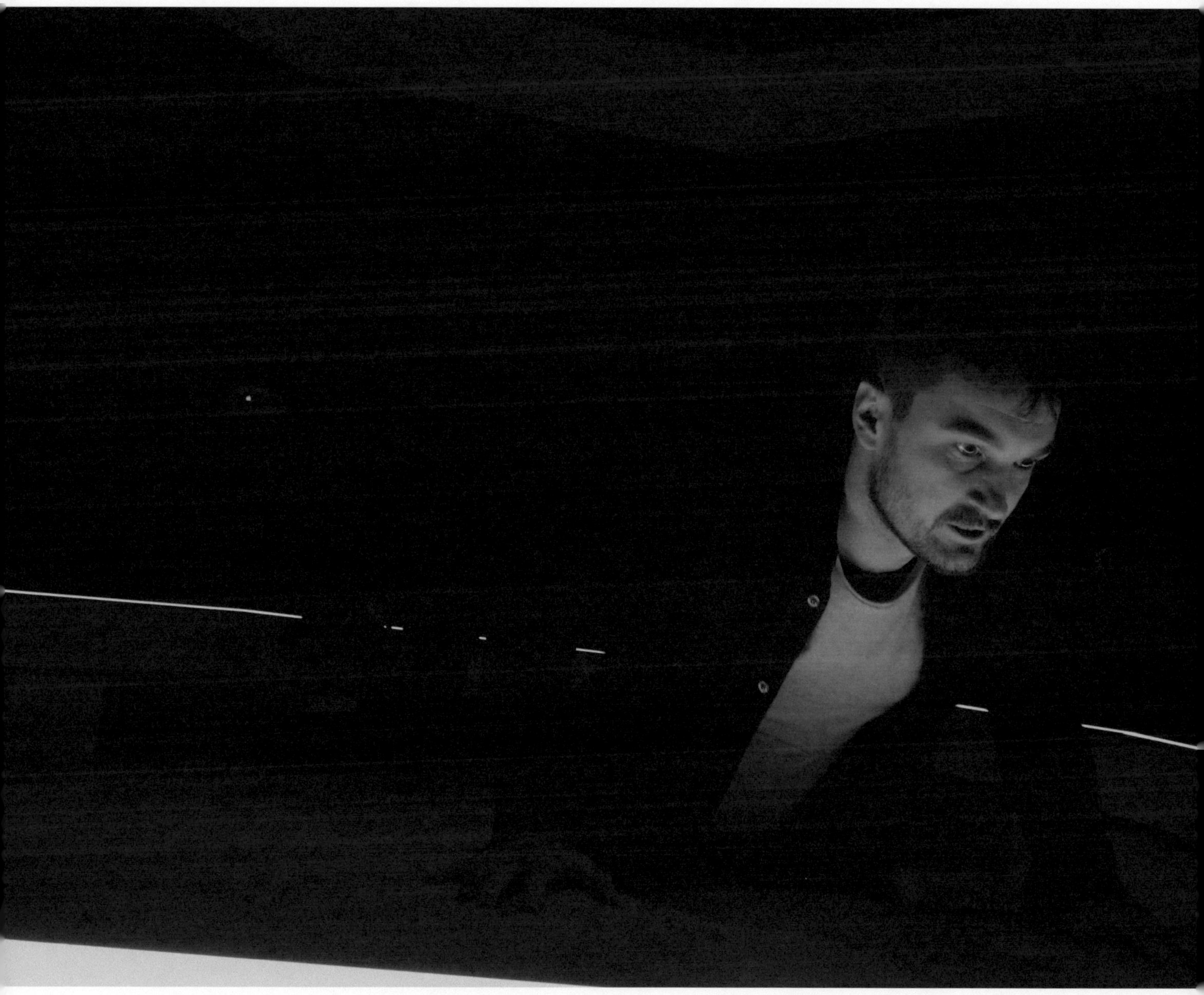

DAF   C'mon.   Pissed.
                  Rhydd.
                                                        You like that?

JESSE   Haia.

DAF   Helo.

JESSE   Shit. Shots. Gormod.

DAF   Bump. Gwahoddiad-wên.
                                                Dynion.

JESSE   Sai isie. Lot o ddynion.

DAF   Nôl i'r fflat.

JESSE   Rhedeg.

DAF   Nôl i'r fflat. Bump. Fucko.
                  Dynion.
                  Jocks. Bears. Otters.

JESSE   Stopa. Blur. Sai isie.

DAF   Parti. Fi a ti.
                                                        A nhw.
                                                                Fucko.

JESSE   Dynion.
                                                Shots.
                                                        Gwely. Chwerthin.
                                        Canu!
                                        Otters. Bears. Jocks.

DAF   Rhyddhad! Canu! Dynion. Dillad.
                          Rip. Fucko fe.
                          Rwb'o. Chwerthin!

JESSE   Parti. Cysgu.
                                                Blur. Naked. Blêr.
                                                        Chwerthin!

DAF   Lot o bobl. Lot. Noeth.
                                                        Blêr. Fucko fe.

JESSE   Bump. Drinks.
                          Ym mhob man.

44 WOOF

                        Dillad. Cyrff yn clymu.
                            Pwysau.

DAF   Pwyso'n dynn.
                            Rwb'o.
                        Chwerthin. Joio!
                                Teimlo dynion chwyslyd ar 'y nghoc.

JESSE   Cysga, Daf. Blino.
                    Sai isie.

DAF   Drinks.
                            Gafael yn dynn.
                                Blasu dynion yn 'y ngheg.

JESSE   Rhy dynn.
                        Cysga, Daf!

DAF   Shots.
                             Fucko fe.
                            Jock.
                             Bump.
                             Rip.
                            Fucko fe.

JESSE   Nos da, Daf.
                            Passo mas.

DAF   Fucko fe.
                            Fucko fe.
                            Fucko fe.

                                *

Ym Mharc y Rhath.

DAF   Fucko fe.

SAIB.

                            Oer.
                            Adlewyrchiad cynnes yn cyrraedd y llyn.
                            A'r haul yn llifo ar fy wyneb.
                            Methu anghofio'i wyneb e.
                            Wyneb anymwybodol Jesse.
                            Sai'n gallu neud hyn.
                            Sai'n gallu.
                            Sai'n gallu.

Mae DAF yn gadael Parc y Rhath.

SAIB HIR.

Yn fflat JESSE.
Mae JESSE yn gorwedd yn llonydd a noeth gydag ôl gwaed o'i ben ôl.
Mae JESSE yn araf ddeffro.

JESSE Ah.
       Shit.

CURIAD.

JESSE Le ma'...
       Ah...

Mae JESSE yn rhoi ei law ar ei ben ôl.
Mae'n gweld gwaed ar ei law.

       Shit, shit, shit, shit, shit!

Mae JESSE yn estyn ei ffôn.
Mae'n trio ffonio DAF.

JESSE C'mon. C'mon, Daf.
       Daf – Ie fuck y't ti? Ffona fi nôl.
       Fuck.

Yn araf, mae JESSE yn dod o hyd i ddillad ac yn gwisgo.
Mae DAF yn cyrraedd nôl.

JESSE Daf.
       Daf, le ti 'di bod?

DAF   Sori.

JESSE Le y't ti 'di bod?/

DAF   Parc y Rhath.

JESSE Parc y Rhath?! Be o't ti'n/

DAF   Ma fe'n drewi 'ma.

JESSE Di'nes i ben fy hunan a/

DAF   Fi'n sori/

JESSE A, a, a fi' 'di trio ffôno ti, ah fuck/

DAF   Be' sy'?

JESSE Fi mewn po'n/

DAF   O/

JESSE   Sai'n cofio lot/

DAF   Be'?

JESSE   Sai'n cofio lot o nithwr.
                Wyt ti?

DAF   Ym...

JESSE   Sai'n cofio.
                Fel, fel – be' ddigwyddodd? Be' nethon ni Daf, ar ôl dod nôl fan hyn sai'n cofio dim, be nethon ni/

DAF   Ym/

JESSE   Faint nes di yfed? Ti'n cofio faint nes i yfed? /

DAF   Ym, na/

JESSE   Yfed gormod, nethon ni gymryd stwff yn do?/

DAF   Ie/

JESSE   Shit.
                Ah!

DAF   Ti'n iawn?

JESSE   Nagw.
                Fi mewn po'n.

CURIAD.

                Fi'n credu bo' rhywun wedi...

CURIAD.

DAF   Oh shit.
                Ym.
                Ti isie, ti isie... be tisie?

JESSE   Isie dŵr.

DAF   O. OK, ie.
                Dyma ti.

Mae JESSE yn yfed dŵr.

JESSE   Cofio popeth lan i....
         Lan i ti yn gweud am rhoi blowjob i ryw ddyn yn y toilet.
         Wedyn, o'n i'n grac.
         Yn grac 'da ti.
         Yn grac 'da'n hunan.
         Grac 'da ni.
         Drinks.
                              Shots.
                                             Bump.
         Cerdded.
                              Rhedeg.
                  'Da ti. A nhw.
              Dynion.
                              Nôl i'r fflat.
         Parti.
         Lot o ddynion.   1. Gweld ti.
         Lot.   Lot.   2.   Lot. Drinks
             Lot o nhw.   3.   Lot.
                4. 5.   Lot. Shots. Gormod.
         O nw'n 'werthin.   6.   O'n i'n trio.
                                             O ti'n 'werthin.
                 Lot o...   7.   Lot... Bump.
                              Lot o...
                                             Blur.
         Jyst dynion.
         Ti.
         Parti.
         Fan hyn.
         Yfed.
         Bump.
         Chwerthin.
         Sai'n cofio.

CURIAD.

         Sai'n siwr os fuckodd rhywun fi a fi ddim yn cofio.
         Neu, os fuckodd rhywun fi tra o'n i'n cysgu.

DAF   Fi fuckodd ti.

SAIB.

         Ffili handlo gweld dynion erill yn dy lyged di.
         Ffili handlo arogli dynion erill ar dy gorff di.
         Ffili handlo blasu dynion erill yn dy geg di.
         Nes i fucko ti.
         Fucko ti.

> FUCKO TI!
> Fucko ti mor fucking galed.
> Nes.
> Nes gweld gwaed.
> A wedyn, stopo.
> Edrych arna ti.
> Ddim yn ymateb.

CURIAD.

> O'n i'n jealous.
> Mor, mor jealous.
> Ac ofn.
> Fi jyst mor confused.

SAIB.

Mae JESSE yn cael sigarét.

SAIB.

Mae DAF yn yfed dŵr.

JESSE   Tra bo' fi 'di... passo mas.

DAF   O'n i meddwl bo' ti ar ddihun, pissed/

JESSE   Fuck off!

DAF   O'n i yn!

JESSE   A wedyn be? Sylwi bo' fi ddim? A meddwl, ie ie, 'nai gario mla'n?

CURIAD.

> Faint o ddynion eraill fuckes' di?

DAF   Un dyn arall.

JESSE   Faint?

DAF   Dau.
> Dim ond dau.
> Addo.

CURIAD.

JESSE   Condoms?
Mae DAF yn ysgwyd ei ben.

JESSE   PrEP?!

Mae DAF yn codi'i ysgwyddau yn ansicr.

JESSE   Fuck!

DAF   *(o dan ei wynt)* Ti o'dd isie...

JESSE   Be'?

DAF   Dim.

JESSE   Na na, gwed ti!

DAF   Ti o'dd isie hyn.
Bydde hyn ddim 'di digwydd heblaw bo' ti...

JESSE   Sai'n credu bo' ti/

DAF   Ti o'dd isie ni berchnogi, perchnogi bod yn 'gŵn chwantus'. Yn y byd lliwgar unpredictable 'ma.
So fe mor hawdd a 'ny.
'Drych arna i.
'Drych arnat ti.
'Drych arno ni.
Y gore allen ni fod?

*

Yn fflat JESSE.

JESSE   Brwnt.
Blêr.
Texto fe neu.

*

Tro cyntaf i fi gwrdd ag e.
Diflannodd y dynion eraill.
Tawelodd y byd o 'nghwmpas.
O'n i 'mond yn ei weld e.
Dim ond fe.
A'i gorff gloyw'n goleuo'r clwb.
O'n i'n ffili stopo edrych arno fe.
'y nghorff i isie fe.
Pob rhan o'i gorff e'n dawnsio.
Ei goese fe.

Ei gefn e.
Ei freichie fe.
Ei wefuse fe.
Ei wên e.
Ei ddwylo fe.
O'n i ffili stopo gwenu.

*

Dim gobaith am wên y bore 'na.
O'dd e ffili edrych arna i.
'Rio'd 'di casáu rhywun fi'n caru cymaint o'r bla'n.
Ffili edrych ar... ar... ar
ei wyneb e.
Ei lyged e.
Ei wefuse fe.
Ei gorff e.
Ei ddwylo fe.
A'n nwylo i...
Un eiliad isie pwno fe.
Isie fucking crogi fe!
A'r eiliad nesa isie jyst...
gwarchod e.
Dal e.
Cofleidio fe'n dynn.
A gweud, 'ma'n OK.'
Ond wedes i ddim o 'ny.
Achos do'dd e ddim yn OK.
Y nghorff i really ddim yn OK.
Y nghorff i really ddim isie fe.
Am y tro cyntaf.
Ddim isie fe.

*

Cytunon ni heb eirie bod isie iddo fe adel.

DAF Nôl adre am bach.

Mae DAF yn gadael.

JESSE Diflannu.
Tawelodd y byd o 'nghwmpas i.
Dagre.
Dryswch.
A'r bo'n yn fy atgoffa i fod yn grac.
Mor grac 'da fe.
A mor grac 'da'n hunan.

A ffili stopo meddwl.
Shwt, a, a, a, pryd.
Fucking Tony.
Ond fucking Daf!
Yn stuck yn ei ben ei hunan.
Yn stuck yn ei ben oherwydd y byd o'i gwmpas.
Mess, *absolute fucking mess*!

        *

Fi'n cofio isie dal gafel.
Dal gafel ar Daf.
Ofn iddo fe ddiflannu o 'nwylo i.
Dal gafel arno wrth ei wel' e.
Gwel' e'n gwel' Carys a phawb arall o'i gwmpas yn…
Dyweddïo.
Priodi.
Plant.
'*We're two men*. Ni'n gallu creu perthynas ein hunan.'
Y ddou ohonon ni'n gytûn.
Neud pethe'n wahanol.
Yn gytûn.
Neud pethe ein ffordd ni.
Ond weithie.
Er yn gytûn.
O'dd i lyged e.
Yn dal i wel' Carys a pawb arall o'i gwmpas.
'i lyged e.
'i ben e.
'i galon e.
Yn gweud.
Cenfigen anghytûn.
A finne'n anwybyddu.
Anwybyddu'r anghytûn.
Ife fi sy' ar fai?
Fuck.

        *

Fi mewn po'n.
A dreifo'n hunan yn wyllt.
Agos i dexto Daf.
Ffôno fe.

        *

Ym mlerwch a thawelwch y fflat un bore

fi'n di'no i'r ffôn yn canu.
'Y nghalon a ngwynt i'n tynhau,
isie a ddim isie gwel' enw Daf ar y sgrîn.
Ond do's dim enw.
Jyst rhif.
Fi'n ateb –
'Helo?' –
a clywed llais fi heb glywed ers bron pymtheg mlynedd.

CURIAD.

Dad.

    *

Fi'n gadel y fflat.
Yn lân.
Yn daclus.
Cwrdd â Dad.
'Coffi du?'
Ni'n cytuno 'da gwên.
A ma' fe'n gofyn, ma' fe wir yn gofyn shwt 'y fi.
A fi'n gweud.
'Fi'n fine. Fi'n OK.'
Ac er y pymtheg mlynedd.
Ma fe'n gwbo sai'n OK.
A ni'n siarad.
A ni'n gryndo ar ein gilydd.
A ni'n dau yn gweud sori.
Ni'n ca'l hug.
A cyn iddo fe adel
ma'n edrych yn syth i'n llyged i
a ma' fe'n gweud:

'Weithie ma' pobl, pobl ti'n ei garu yn rhoi lo's i ti, ma' jyst isie ti weitho mas os ma' nhw werth y boen. Fi'n caru ti, wastod.'

    *

Drink.
Jyst un.
Dim shots.
Dim bump.
Jyst un drink.
Gwylio dynion yn hela'i gilydd.
Gwel' Tony yn hela ar ôl anwybyddu fy 'haia'.
Cunt.

Finne yn bell o fod yn barod i hela.
Agosach fyth i dexto Daf.

    *

Ond, cyn imi sylwi.
Ma' twink o'r enw Jay yn eistedd wrth y'n ymyl i.
Ac yn dweud:
'You're fit, but you look tired.'
A fi'n gweud,
'Yes. Really tired actually.'
A fi'n gofyn i'n hunan…
Aros fan hyn, neu?
'Do you want to come back to my flat for a drink?'

    *

Cwpl o wthnose'n mynd heibio.
Jay a finne, mewn perthynas.
Perthynas agored.
Nôl yn fucko.
Fucko'n wyllt.
Fucko'n gilydd a dynion eraill.
Fucko heb feddwl.
Heb deimlo.
Ond tro 'ma, ddim yn teimlo'n jealous.
Euogrwydd.
Mod i 'rioed 'di gweud wrth Daf,
o'n i'n jealous 'fyd.
O'n i ofn.
Jealous ac ofn pan o'dd e'n dod nôl
ar ôl cysgu 'da rhywun sy'n fwy fit na fi,
neu rhywun sy'n fwy intelligent,
yn ddoctor, neu'n rhywun
o'dd fwy cyfforddus yn ca'l sex 'da fe yn Gymrâg.
Sai 'di ca'l sex yn Gymrâg ers…

    *

Fi'n texto fe.
Isie ni siarad.
Parc y Rhath.

    *

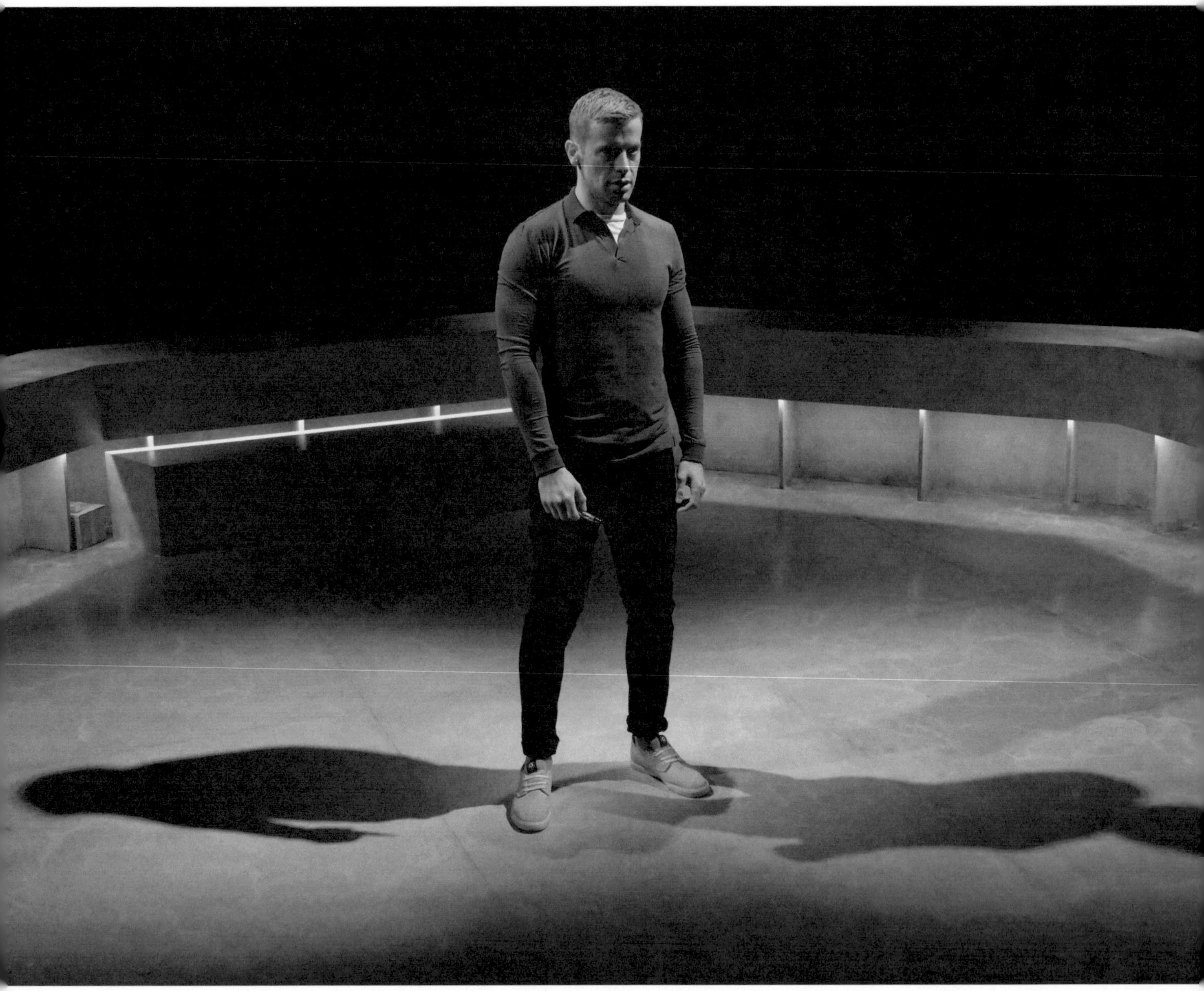

Ym Mharc y Rhath.
Mae JESSE ar ei ben ei hun, yn aros.
Mae DAF yn cyrraedd.

DAF	Helô.

JESSE	Haia.

*

Mae DAF a JESSE yn chwerthin.

DAF	Stopa/

JESSE	Hi yn cheato arno fe!?/

DAF	Paid chwerthin/

JESSE	Pwy bydde'n *bloody* meddwl!
Shwt ffindes di mas?

DAF	Mam Carys na'th ffôno, gweud bo' hi'n rhy' embarrassed i siarad 'da neb, ond 'ma' hi isio gweld ei *gay best friend* hi.'

JESSE	Fucking caru Mam Carys!

Y ddau yn chwerthin.

DAF	Fi actually 'di misso Carys 'fyd.

JESSE	Y 'trywydd' yna ddim yn iawn iddi wedi'r cwbl.

Mae'r ddau yn distewi.

JESSE	Shwt wyt ti?

DAF	Fi'n OK.

JESSE	Daf.
Shwt wyt ti 'di bod?

DAF	Awful.
Ma' fe 'di bod yn *hell*.
Mam a Dad 'da dim syniad be' i neud 'da fi.
Finne ddim syniad be' i neud 'da'n hunan chwaith.
Heblaw am deimlo'n sick.
A theimlo.

WOOF 57

	Teimlo'n euog. Mor euog. A difaru. A casáu. Casáu'n hunan am/
JESSE	Paid casáu dy hunan, Daf.

CURIAD.

DAF	Sut wyt ti?
JESSE	Fi'n, fi'n OK. Fi'n gweld rhywun.
DAF	O. Tony?
JESSE	O gosh, na! Ma' fe, ma' fe'n hapus iawn ar ben ei hunan fi'n credu, a'n joio sniffo cŵn newydd pob nos Sadwrn. Fi 'da bachgen o'r enw Jay. Ma fe'n *twinky flamingo*!

Mae'r ddau yn chwerthin.

DAF	Faint oed yw e?
JESSE	Dau ddeg pump.
DAF	Chi'n agored neu?
JESSE	Ie, ydyn, ond, ym. Sai mewn cariad. Jyst cwmni yw e.

CURIAD.

DAF	Yw e'n siarad Cymraeg?

Mae JESSE yn chwerthin.

JESSE	Nagyw.
DAF	*Oh, cool.*

SAIB.

JESSE   Cwrddes i lan 'da Dad.

DAF   Be?!

JESSE   Ie.
                 O'dd e'n really anodd.
                 Ond fi'n falch na'th e gysylltu.

DAF   Fe na'th?

JESSE   Ie, ie, na'th e gysylltu.
                 Amseru jyst yn –
                 O'n i isie fe.
                 O'n i angen e.
                 A siaradon ni.
                 Ni mynd i gwrdd 'to.

CURIAD.

DAF   Chi isie menthyg copi Dad o *Brokeback Mountain?*

Mae'r ddau'n gwenu.

                 Pam nes di texto fi, Jesse?

CURIAD.

JESSE   Cofio pan wedes i am y'n Nhad?

DAF   Ie.

JESSE   Rhedes i ffwrdd o'r bo'n 'ny.
                 A cadw rhedeg a rhedeg,
                 a sai'n gallu neud 'ny 'to.
                 Sai isie bod yn –
                 Confused.
                 Colli rheolaeth.
                 Yn grac.
                 Casáu.
                 Ma fe'n exhausting.
                 Fi ddim am adael i ti glymu fi lawr.

DAF   Be ti'n...?/

JESSE   Sai'n gallu madde i ti, Daf.
                 A sai'n gallu anghofio.
                 Ond ma' rhaid i fi weu' 'tho ti:

	o'n i ofn 'fyd.
DAF	Ofn be'?
JESSE	Ofn admitto bo' ni ddim wir isie 'run pethe. Bo' ni angen pethe gwahanol. Fi isie rhyddhau y'n hunan o hyn.
DAF	Jesse.
JESSE	Ma' isie i ti wrando ar dy hunan. A be' ti angen, Daf. I ni ga'l symud mla'n. Ma' isie i ti 'berchnogi' dy drywydd di…
DAF	Be'?
JESSE	A dathlu fe! Trusta fi. Ti'n gallu neud e. I fod y gore galli di fod. A ma' isie i finne neud r'un peth. I fod y gore alla i fod. Dilyn fy nhrywydd i/
DAF	Stopa ddeud trywydd.
JESSE	Be?
DAF	Ma' fe'n ridiculous.
JESSE	Be', trywydd?
DAF	Ie. So fe'n gweitho.
JESSE	Be' ti'n meddwl?
DAF	Ma'r syniad o 'drywydd' yn… Ni'n endo lan yn cymharu. Cymharu 'da pawb a'r byd. Dreifo'n hunain yn wyllt. Fuck trywydd! Fuck pobl eraill! Fuck y byd lliwgar! A jyst. Perchnogi fy hunan.

60 WOOF

JESSE   Shwt?

DAF   Sai'n siwr.

JESSE   Wel, be' am...
         addo i'n gilydd.
         Ni am wrando ar ein hunain.

DAF   Gwrando ar ein hunain.
         Heddi.

JESSE   Heddi.
         Fan hyn.

DAF   G'neud yr un peth fory.

JESSE   A gwel' be' ddaw...

DIWEDD

CYFWELIAD: CYFARTH A CHYFFROI

Dyma gyfweliad a gynhaliwyd gan Esyllt Lewis gydag Elgan Rhys ar drothwy perfformiad cyntaf *Woof*, **ac a gyhoeddwyd ar wefan cylchgrawn creadigol** *Y Stamp* **ar 6 Chwefror 2019 fel rhan o arlwy mis hanes LHDTC+.**

Es i draw i Little Man Coffee i sgwrsio gyda'r dramodydd huawdl a hynaws Elgan Rhys ychydig ddiwrnodau cyn agoriad ei ddrama gomisiwn cyntaf, Woof, sy'n cael ei dangos yn Theatr y Sherman, Caerdydd. Dyma ddrama sy'n archwilio perthynas dau ddyn hoyw mewn ffordd 'eofn' a 'heriol'. Dyma oedd gan Elgan i'w ddweud yn y tawelwch cyn storm Woof.

O ble ddaeth y syniad ar gyfer *Woof* **a be ti'n gobeithio ddaw o'r sioe?**

Ma *Woof* wedi bod mewn datblygiad ers dros ddwy flynedd. Nes i roi fersiwn ohoni i mewn i gynllun Theatr y Sherman ar gyfer sgwennwyr newydd yn y Gymraeg – BRIG. Dyna oedd y cam cynta. Roedd hi'n fersiwn oedd yn chwydfa o broses cathartig i mi, yn ymateb i berthynas efo dyn am y tro cynta. So o'dd o'n eitha agos ata i, yn eitha personol. O'dd gen i ddiddordeb mewn archwilio a mynegi y teimladau brofais i o fewn y berthynas ac ar ôl y berthynas, achos doedd o ddim yn amser hir ar ôl i mi ddod allan yn hoyw i fi fynd i mewn i'r berthynas yma. Perthynas byr oedd o, ond o'dd y byd newydd yma, y diwylliant newydd, a'r ffordd newydd o fod mewn perthynas efo rhywun o'r un rhyw o ddiddordeb mawr i fi ei archwilio, ei gwestiynu a'i drafod. O'r fan honno y daeth *Woof* go iawn, lle cathartig i archwilio a chwestiynu'r diwylliant yna, yn erbyn y diwylliant o'n i wedi dod o, sef y diwylliant hetero-normaidd. Mae wedi ehangu ac esblygu llwythi ers y fersiwn cynta yna, ac wedi mynd y tu hwnt i'r personol rŵan. Mae calon a gwreiddiau y peth dal yno, ond mae'r broses o ddad-adeiladu a ffeindio gwraidd y ddrama ffuglen yma wedi dod yn broses o ail-adeiladu ei hun hyd at yr ymarferion yn y Sherman. Gwnaeth Rachel O'Riordan, cyn gyfarwyddwr artistig y Sherman, gomisiynu fi flwyddyn yn ôl i greu drama, a fedra i'm diolch digon iddi hi am roi ffydd ynof fi ac annog fi. Ma hi'n dangos be ti'n gallu neud ac yn rhoi'r cyfle i ti. Diolch iddi hi a'r tîm yn y Sherman am roi platfform i'r ifanc i rannu eu gwaith. Ma dangos drama yn theatr y Sherman, sy'n cael ei adnabod ledled y DU ar gyfer sgwennu newydd, yn exposure briliant i fi.

A wedyn Gethin, sy'n gweithio gyda ti ar Gwmni Pluen, sy'n cyfarwyddo. Sut brofiad yw gweithio gyda Gethin?

Ia, mae'n grêt gweithio gyda Gethin – 'da ni di neud lot o betha hefo'n gilydd, ma na lot o brofiada tu ôl i'r ddau ohonan ni gyda'n gilydd ac ar wahân sydd wedi cyfoethogi'r broses i gyd. 'Da ni'n onest iawn efo'n gilydd, a 'da ni'n gynhyrchiol iawn oherwydd hynny. 'Da ni'n ceisio sicrhau perthnasedd y darn a sicrhau ei fod o mor gyfoes ag y gallith o fod, ei fod o o'r safon gora fedrwn ni gyrraedd. Mae'n ddifyr o ran y dadadeiladu – erbyn y fersiwn fydd yn cael ei lwyfannu, ma na lot o ddigwyddiadau o'r fersiwn cynta wedi ffeindio eu ffordd yn ôl i mewn i'r ddrama ond eu bod nhw'n lot fwy cyfoethog. Ie mae'n rili cyffrous, rili cyffrous!

Wyt ti'n teimlo ei fod e'n bwysig sgwennu o dy safbwynt di fel proses o gatharsis neu yw e'n amrywio?

Dwi wastad yn ymateb i rywbeth sy'n digwydd i fi. Boed o'n rwbath bach iawn neu rwbath mawr, rwbath rili direct neu ddim, wastad yn ymateb i rwbath dwi 'di weld, dwi 'di glwad, dwi 'di teimlo. Mae'n amrywio a dwi'n mynd efo fy ngreddf. Just chwydu i ddechra efo hi.

Gan fod y broses wedi para cyhyd – dros ddwy flynedd – sut deimlad yw hi i weld y ddrama'n dechrau cael ei hymgnawdoli gan yr actorion yn yr ystafell ymarfer?

Beth sy'n grêt ydi bod yr actorion wedi bod yn rhan o'r prosiect ers BRIG. Ma Aled Pedrick sydd yn y cynhyrchiad wedi bod yno ers y cychwyn, felly mae'r cymeriadau yma wedi tyfu a thyfu ers BRIG. Ma 'na breathing space wedi bod rhwng y cyfnodau datblygu er mwyn rhoi amser i'r peth setlo, ac i ni allu cnoi cil ar bethau cyn lliwio a llenwi. Ma Berwyn Pearce ac Aled Pedrick (sy'n actio Daf a Jesse yn y cynhyrchiad) yn briliant, a di bod yn rhan fawr o ddatblygiad naratif y ddau gymeriad a dwi'n gobeithio eu bod nhw'n teimlo eu bod nhw wedi bod mewn proses agored i fedru mynegi a ffeindio llais y cymeriadau eu hunain. Achos dwi ddim yn awdur precious; dwi eisiau gadael i bobl deimlo perchnogaeth dros betha. Er enghraifft, ma un o'r cymeriade di newid acen ac maen nhw'n rhoi awgrymiadau yn yr ystafell ymarfer a dwi'n gwrando ac yn ymateb felly dwi'n gobeithio eu bod nhw'n teimlo perchnogaeth.

Mae'n swnio fel proses eitha cydweithredol, hyblyg. Mae'n swnio'n gyffrous.

Dyna natur y ffordd dwi a Geth wedi gweithio erioed, rili – trio bod yn agored ac yn barod i wrando ac ymateb. Sicrhau bod pawb yn teimlo bod gennyn nhw le. Ac ar ddiwedd y dydd, cydweithio 'da ni, cydweithredwyr ydan ni wrth fynd am yr un nod o greu profiad fydd yn ysgogi pobl i gwestiynu cymhlethdodau a thrywyddau bywyd.

O'n i ishe holi ti am yr enw *Woof*. Mae'n eitha hynod, defnyddio gair Saesneg ar frig drama Gymraeg.

Mae'n deillio o'r ffaith fod un o'r cymeriade yn y ddrama yma yn cyfeirio at ddynion fel eu bod nhw'n 'fwy fel cŵn', o ran eu natur nhw, eu natur rhywiol, eu natur ddynol, dynion chwantus fel cŵn chwantus, 'isho sniffio mwy nag un dyn'. Ar gychwyn y ddrama maen nhw'n penderfynu bod mewn perthynas agored, eu bod nhw'n agored yn rhywiol i fwy nag un partner ond eu bod nhw ond yn caru ei gilydd. O hwnna mae'r cwestiwn yma'n deillio: ydy dynion yn fwy fel cŵn?

Er bod llawer o ddramâu yn ymdrin â pherthnasau rhwng dynion, ma hwn yn ymddangos i fi yn reit wahanol i feddwl ei fod yn trafod dau ddyn mewn cariad, ma hwnna'n rhywbeth nad yw wedi cael ei archwilio gymaint efallai?

Mm. A dwi'n meddwl fod yr ymateb yn profi hynny mewn gwirionedd. Ma pobl isio clywad stori am ddau ddyn mewn cariad. Yn enwedig yn Gymraeg. Mae Rachel O'Riordan wedi dweud petha hyfryd o ran hyn; dydy hon ddim yn stori 'Gymreig' os ydy hynny'n neud sens. Mae 'di cael ei mynegi'n Gymraeg achos dyna dwi 'di penderfynu. Mae hi jyst yn stori am gariad sy'n mynd i gyseinio'n bell. Mae'r posibiliadau'n gyffrous achos mae'n gallu rhoi platfform i hybu'r Gymraeg drwy greu stori sy jyst am gariad. Sa fo'n grêt mynd a hwn i Gaeredin neu yn Rhyngwladol. Dyna ydy o ar ddiwedd y dydd ydy stori syml am gariad. So er mai dau ddyn 'da ni'n gweld yn hwn, does 'na ddim rhwystrau i unrhywun o unrhyw rywedd neu unrhyw rywioldeb.

Ma 'na nifer o ystrydebau yn bodoli am ddynion hoyw neu berthnasau hoyw. Dwi'n teimlo ei bod hi'n gyffrous bod awdur yn mynd ati i geisio gwaredu rhai o'r ystrydebau hynny, neu gynnig rhywfaint o nuance i gynulleidfa ynglŷn â pherthnasau o unrhyw fath.

Ma hynny'n rhywbeth dwi'n trio osgoi: ystrydebu. Achos be ydy hi ydy drama am ddau ddyn mewn cariad ond hefyd dau ddiwylliant sy'n cwrdd ac yn gwrthdaro, ac yn trio mynd ar yr un trywydd, yn trio cyd-fodoli. Dwi'n gobeithio fy mod i'n portreadu safbwynt gonest am y ddau ddiwylliant; y diwylliant heteronormaidd a diwylliant rhai dynion hoyw. Achos dyna dwi 'di brofi. Felly dwi'n meddwl y bydd hi'n sgwrs rili difyr o ran y diwylliannau yna. Ma gan un o'r cymeriada y *front* yma, sef fo yn tynnu ar yr ystrydebau yma o ddyn hoyw, a ti'n gweld y dyn arall yma'n dod mewn i'w fywyd o a just yn stripio nhw, stripio'r ystrydebau a stripio fo a dadadeiladu fo wrth iddo fo drio imposio'r petha ma sy'n cael eu imposio arnon ni o ddydd i ddydd. Be am i mi wrando ar Esyllt, gwrando ar Elgan, sut ydw i'n mynd i fod mewn perthynas er lles fi fy hun.

Dyma dy ddrama fawr gynta di ar dy liwt dy hun?

Ie – comisiwn cynta drama lawn ar gyfer y llwyfan ac mae'n fraint fel y diawl! Dwi jyst di 'neud o, dwi jyst di mynd amdani ers y comisiwn, gweithio'n rili galed i wneud o mor dda a gallith o fod, a dwi wedi herio fy hun efo ffurf y peth a sut dwi isho deud y stori yma. Ma gen i ddiddordeb mawr yn sut ma ffurf a stori yn bwydo ei gilydd wrth i naratif ddatblygu. Bydd hi'n ddifyr gweld ymateb y gynulleidfa – dylen nhw beidio disgwyl gweld rhywbeth traddodiadol o ran ffurf y peth. Mae'n eitha pytiog, episodig. Ma gen ti amrywiaeth o ran monologau a deialogau... ma na dipyn o wead yn perthyn iddo fo.

Felly – ydy *Woof* yn ddrama 'arbrofol' (gair sy'n cael ei orddefnyddio efallai!)?

Dwi'n meddwl ei bod hi'n eofn. Mae'n neud fi deimlo'n sick...

Mae'n neud ti deimlo'n sick?!

Ydy, mae'n neud fi deimlo'n sick! ...ond dwi'n teimlo'n saff o fewn y sick yna achos mae 'na dîm artistig briliant wedi gwneud gwaith gwych o ran sut maen nhw wedi mynd ati i'w chyflwyno hi; y sain, y goleuo, y perfformiadau a'r cyfarwyddo. Dwi'n teimlo'n hollol saff o ran be sy'n mynd i gael ei ddangos ond dwi'n teimlo'n sick oherwydd mae o'n teimlo fel camp ar sawl lefel; ma 'na lot o onestrwydd, a brutality o fewn y gonestrwydd yna. Ond dwi'n gyffrous ar yr un pryd!

Ond am wn i fydde fe ddim werth ei neud heblaw bod e'n neud i ti deimlo rhwbeth?

Na, yn union. Yr adeg yma cyn cynhyrchiad dwi wastad yn holi fy hun: 'Pam ddiawl ydw i'n neud hyn i fy hun?!' A dwi'n dod yn ôl i'r ffaith 'mod i'n poeni amdano fo. Dwi'n gobeithio y bydd pobl yn teimlo ac yn cwestiynu y petha dwi wedi'u teimlo a'u cwestiynu wrth sgwennu fo. A jyst gobeithio y bydd o'n cyseinio efo pobl, ac yn cwestiynu eu lle nhw o fewn eu diwylliannau nhw a'r diwylliannau sy'n eu hamgylchynu nhw. Cwestiynu sut y gallan nhw fod y gora y gallan nhw fod! Ia, dwi'n meddwl y bydd o'n eofn ac yn heriol... ac yn emosiynol iawn.

Byse ti'n gallu dweud *bach* am estheteg y cynhyrchiad heb ddatgelu gormod?

Mae'r llwyfan ynghanol y cylch, wedi'i amgylchynu gan y gynulleidfa... ha! Fedra i'm deud lot, ond mae o'n eitha stylistic, yn slic a llyfn, heightened reality. Ac mae'r goleuo a'r sain yn bwysig iawn, yn ddifyr iawn. Elin Steele sydd wedi dylunio'r set a'r gwisgoedd, sydd hefyd yn eofn. Mae'r gofod yn y stiwdio wedi'i thrawsnewid, dwi erioed wedi gweld y stiwdio fel'na o'r blaen. Mae'n teimlo'n fawr, mae o'n bach o beast.

Fel dramodydd ifanc, oes gen ti gyngor i bobl sydd a diddordeb i fynd i fyd y ddrama, boed fel sgwennwr, actor neu gyfarwyddwr?

Bod yn proactive, jyst creu a rhannu efo cyfoedion, pobl 'dach chi'n ymddiried ynddyn nhw. Gwrando ac ymateb a gwthio'ch hunain a gwthio eraill i wrando ar eich gwaith. A chael ffydd ynddoch chi eich hun, achos ma pawb yn artist. Wrth neud hynny i gyd, dod yn ôl atoch chi eich hunan, a bod yn driw i'ch llais a'ch crefft eich hun. Gwthio fo, rhannu fo, dathlu fo a'i gofleidio fo efo pobol sy'n gneud chi deimlo'n dda... A peidio bod ofn gofyn am help. Ma'r broses o sgwennu'r ddrama hon 'di bod yn eitha unig ac mae'n hawdd mynd mewn i rut, ti dy hun o fewn dy hun. Felly mae'n bwysig gofyn i bobl am gymorth.

Ti'n sôn am bwysigrwydd mynd â'r diwylliant Cymraeg allan i'r byd a bloeddio yn ei gylch... ma 'na isdeitlau'n mynd i fod yn y ddrama, yn does? Ti'n gobeithio y bydd hynny'n galluogi trafodaeth mwy agored am theatr yng Nghymru?

Dwi'n meddwl fod o'n wych i greu profiade hygyrch i bobl ddi-Gymraeg allu perchnogi a dathlu'r iaith Gymraeg hefyd. 'Fel Anifail' oedd y sioe gyntaf i'r Sherman roi isdeitlau iddi dwi'n meddwl, a dwi'n nabod pobl ddi-Gymraeg sy'n dod oherwydd yr isdeitlau. Mae'r iaith yn onest a ma bach o Saesneg yn dod mewn i'n sgyrsiau ni. Ond mae'r ffordd ma Gethin wedi cyfarwyddo'r ddrama... ma hi'n weledol iawn, felly bydd hi'n ddiddorol gweld faint fydd pobl yn gorfod dibynnu ar yr isdeitlau. Ond ma nhw yna i helpu. Ia, mae'n gyffrous.

Beth yw dy obeithion ar gyfer *Woof* yn yr hirdymor?

Swn i'n hoffi ei gweld hi'n mynd o gwmpas Cymru... a thu hwnt. Ma 'na le i'r stori ga'l ei rhannu ar blatfform rhyngwladol. Mae'n teimlo'n bwysicach fyth heddiw i hybu diwylliant Cymru drwy naratif a stori sy'n mynd i gyseinio yn rhyngwladol. Dwi'n meddwl fod na gyfrifoldeb, o ran budd y cyhoedd a budd Cymru, i fynd â gwaith o safon allan i'r byd a sgrechian a dathlu am ein celfyddyd ni... ond gawn ni weld sut ymateb fydd i'r ddrama!